Alessandra Kersc

Window Color
Blumenpracht

CHRISTOPHORUS

BRUNNEN-REIHE

Inhalt

Blumen in 3D

Window Color, die transparenten leuchtenden Fenstermalfarben, sind überall sehr beliebt. Und viele Fenster, Spiegel und Kacheln sind schon hübsch mit bunten Motiven dekoriert.

Hier stelle ich Ihnen eine weitere Möglichkeit vor, mit den tollen Window-Color-Farben Ihr Heim zu schmücken. Holen Sie sich die dreidimensionalen schönen Blüten ins Haus, als farbenfrohe Dekoration für die Fensterbank, in Bodenvasen oder für den Tisch.

Die Technik ist ganz leicht: Zunächst aus Draht die Umrisse der Blätter formen, dann die Innenflächen mit Farbe ausmalen. Nach dem Trocknen werden herrliche Blumen gebunden.

Viel Spaß bei der Gestaltung dieser Blütenpracht wünscht Ihnen

Alessandra Kersd

So gehts

Grundmaterial

- Blumenwickeldraht, 0,9 mm stark in verschiedenen Farben
- Window Color
- Folie als Malunterlage: Prospekthüllen oder Folie aus Polyethylen (PE) oder Polypropylen (PP). Von PVC-Folien lässt sich das Motiv nicht ablösen!
- Klebestreifen
- Blumensteckdraht, 1,5 mm stark, 30 cm lang
- Kreppwickelband in Grün, 2,5 cm breit

HINWEIS

Blumenwickeldraht, 0,9 mm stark, ist im Fachhandel ummantelt in den Farben Weiß, Gelb, Orange, Grün und Blau erhältlich. Nicht den allgemein als "Rosendraht" bekannten Wickeldraht verwenden, denn dieser blutet beim Austrocknen der Window-Color-Farben aus und rostet.

1 Den Umriss der einzelnen Blüten- und Blumenblätter nach der Vorlage aus Blumenwickeldraht biegen und die Drahtenden miteinander verdrehen. Die benötigte Drahtlänge ist auf dem Vorlagenbogen angegeben, jeweils 10 cm davon werden für das Einbinden der Blüten und grünen Blätter benötigt.

2 Die gebogene Drahtform möglichst plan mit einem Klebestreifen auf der Malunterlage fixieren.

3 Diese Drahtform vollständig mit Window Color ausfüllen. Dabei vom Drahtrand aus zur Mitte der Form malen. Die Farbe etwas dicker auftragen als bei den Fensterbildern. Draht und Window Color sollten sich miteinander verbinden. Kleine Unebenheiten zwischen Malunterlage und Drahtform füllt die Farbe problemlos aus. Sollte einmal etwas Farbe über den Drahtrand hinauslaufen, kann diese nach dem Trocknen mit einer Schere abgeschnitten werden.

4 Wenn alle einzelnen Blätter gebogen, ausgemalt und mindestens 24 Stunden getrocknet sind, werden sie von der Malvorlage gelöst und zu hübschen Blüten arrangiert: Die überstehenden Drahtenden miteinander verdrehen, und dann mit Kreppwickelband fixieren.

5 Als Blumenstiel einen 1,5 mm starken Blumensteckdraht nehmen, die fertige Blüte mit Kreppwickelband daran befestigen. Blumensteckdraht vollständig mit dem Kreppband umwickeln, die grünen Blätter einarbeiten. Zum Abschluss die Blume in Form biegen.

TIPP

Damit sie stabiler sind, können die Blätter nach dem Trocknen auf Adhäsionsfolie angebracht werden. Bei großen Blumenblättern wird zusätzlich noch ein 1,5 mm starker Blumensteckdraht eingelegt. So erhalten die großen Blumenblätter mehr Standfestigkeit und lassen sich gut in Form biegen.

Große Blumen
Seite 22/23 und 26/27

Für die großen Schwingblüten benötigen Sie für den Blumenstiel entweder einen 3 mm starken Schweißstab (aus dem Baumarkt) oder ein 6 mm starkes Rundholz. Beides ist 1 m lang erhältlich. Den Blumenstiel können Sie nach Wunsch kürzen und die Blumen in einer Bodenvase arrangieren. Oder Sie bringen die Blumen auf einer Holzplatte, etwa 40 cm ø, an: Das Holz sollte mindestens 2 cm stark sein, sonst könnten die Blumen bei zu viel Luftzug umfallen. Holzplatte mit Mattlack bemalen. In der Mitte ein Loch bohren, für den Schweißdraht 3 mm ø, für das Rundholz 6 mm ø, und die Blüte hineinstecken. Eventuell mit Islandmoos oder Dschungelgras dekorieren.

Primel & Krokusse

Material

Für die Blüten
- Wickeldraht in Gelb, Blau
- Window Color in Sonnengelb, Royalblau
- 9 Holzperlen in Weiß, 8 mm ø

Für die Blätter
- Wickeldraht in Grün
- Window Color in Moosgrün, Maigrün
- Lackmalstift in Schwarz
- Steckdraht
- Wickelband

Zusätzlich
- Tonblumentopf, 12 cm ø
- Glanzlack in Weiß
- Steckfix
- Dschungelgras in Hellgrün
- Zierkies in Gelb
- Niedertemperatur-Klebepistole, z. B. UHU pistole LT 110 XL

Vorlagen
A1, A2, B1, B2

Anleitung Seite 8

6

Gelbe Narzissen

Material

Für die Blüten

- Wickeldraht in Gelb
- Window Color in Sonnengelb

Für die Blätter

- Wickeldraht in Grün
- Window Color in Moosgrün
- Adhäsionsfolie
- Steckdraht
- Wickelband

Zusätzlich

- Tonblumentopf, 12 cm ⌀
- Glanzlack in Weiß
- Steckfix
- Islandmoos in Hellgrün
- Niedertemperatur-Klebepistole, z. B. UHU pistole LT 110 XL

Vorlage

C1 - C3

Für jede Blume vier kleine und fünf große Blütenblätter sowie zwei grüne Blätter fertigen. Die Blätter nach dem Trocknen auf Adhäsionsfolie anbringen. Folie der Blattform entsprechend ausschneiden. Die vier kleinen Blütenblätter zum Blüteninneren zusammendrehen, die fünf großen Blütenblätter rundum anordnen. Die fertige Blüte mit Kreppwickelband am Steckdraht fixieren, beim weiteren Umwickeln des Steckdrahtes die Blumenblätter mit einfassen. Den Blumentopf mit Weiß bemalen, mit Steckfix auskleiden, Islandmoos aufkleben. Die Blumen im Topf anordnen.

Primeln & Krokusse

Abbildung & Materialangaben Seite 6/7

Gelbe Primeln

Neun gelbe Blüten mit jeweils vier Blütenblättern und sieben grüne Blätter fertigen. Als Blütenstempel jeweils eine weiße Holzperle in die Blütenmitte kleben. Die feinen Blattadern mit schwarzem Lackstift auf die getrocknete Farbe malen. Blüten und Blätter jeweils einzeln mit Kreppwickelband an den 10 bis 15 cm langen Blumensteckdrähten befestigen. Den Blumentopf mit Glanzlack Weiß bemalen, mit Steckfix füllen und die Blüten und Blätter zur Primel arrangieren. Auf dem Steckfix gelben Zierkies verteilen.

Blaue Krokusse

Insgesamt 18 Blütenblätter aus blauem und zwölf Blätter aus grünem Wickeldraht biegen. Die Blütenblätter in Royalblau, die grünen Blätter in Hellgrün ausmalen. Nach dem Trocknen jeweils sechs Blütenblätter zu einer Krokusblüte arrangieren, mit Kreppwickelband an einem 15 cm langen Steckdraht fixieren. Beim weiteren Umwickeln des Steckdrahtes pro Blüte vier grüne Blätter knapp unterhalb der Blüte einarbeiten. Den Blumentopf mit Glanzlack Weiß bemalen, mit Steckfix füllen. Islandmoos aufkleben und die Krokusse hineinstecken.

Tulpen

Material

Für die Blüten

- Wickeldraht in Blau, Gelb, Orange, Weiß
- Window Color in Diamantblau, Sonnengelb, Orange, Mohnrot, Royalblau, Diamant-blau, Schneeweiß, Koralle

Für die Blätter

- Wickeldraht in Grün
- Window Color in Maigrün
- Adhäsionsfolie
- Steckdraht
- Wickelband
- Lackmalstift in Schwarz

Vorlagen

D1, D2

Anleitung Seite 12

Weiße Narzissen

Material

Für die Blüten

- Wickeldraht in Weiß, Orange
- Window Color in Weiß, Orange

Für die Blätter

- Wickeldraht in Grün
- Window Color in Moosgrün
- Adhäsionsfolie
- Steckdraht
- Wickelband

Vorlage
C1 – C3

Die kleinen Blütenblätter aus orangefarbenem, die großen aus weißem Wickeldraht biegen. Die kleinen Blütenblätter orange, die großen weiß ausmalen, am unteren Blattrand in die noch feuchte Farbe jeweils ein bis zwei Tropfen Orange geben und mit einem Zahnstocher in die weiße Farbe ziehen. Vier kleine Blütenblätter zum Blüteninneren zusammendrehen, die fünf großen Blütenblätter rundum anordnen. Die fertige Blüte mit Kreppwickelband am Steckdraht fixieren, beim weiteren Umwickeln des Steckdrahtes die Blumenblätter mit einfassen.

Tulpen
Abbildung & Materialangaben Seite 10/11

Pro Tulpe benötigen Sie sechs einzelne Blütenblätter und ein Blumenblatt. Für zweifarbige Bütenblätter die Farben ineinander-ziehen. Die Blumenblätter zur Stabilisierung auf Adhäsionsfolie aufbringen. Die feinen Blattadern mit schwarzem Lackmalstift auf die trockene Farbe aufzeichnen.

Gerbera

Material

Für die Blüten

- Wickeldraht in Gelb, Orange, Weiß
- Window Color in Sonnengelb, Orange, Koralle
- Holzplättchen, 3 cm ø
- Glanzlack in Dunkelgelb, Orange, Rosa
- Niedertemperatur-Klebepistole, z. B. UHU pistole LT 110 XL

Für die Blätter

- Wickeldraht in Grün, Olivgrün
- Window Color in Moosgrün
- Adhäsionsfolie
- Steckdraht
- Wickelband
- Lackmalstift in Schwarz

Vorlagen
E1, E2

Anleitung
Seite 16

14

Klematis

Material

Für die Blüten

- Wickeldraht in Blau
- Window Color in Diamantblau, Schneeweiß
- Rohholzkugel, 2 mm ø
- Lackmalstift in Weiß

Für die Blätter

- Wickeldraht in Grün
- Window Color in Moosgrün
- Wickelband

Zusätzlich

- Tonblumentopf, 12 cm ø
- Mattlack in Kobaltblau
- Steckfix
- Zierkies in Hellgrün
- Korkenzieherhaselzweig
- Niedertemperatur-Klebepistole, z. B. UHU pistole LT 110 XL

Vorlagen

F1 – F3

Für eine Blüte vier kleine und fünf große Blütenblätter herstellen. Die gebogenen Drahtformen mit Diamantblau ausmalen. In die feuchte Farbe am unteren Blattrand ein bis zwei Tropfen Weiß einträufeln, mit einem Zahnstocher in das Diamantblau ziehen. Nach dem Trocknen der Blüten- und Blumenblätter die Klematis mit Steckdraht und Wickelband zu Blütensträngen arrangieren. Die Rohholzkugeln mit Mattlack kobaltblau anmalen. Diese Halbkugeln mit der Rundung in die Blütenmitte kleben, einen größeren Punkt und am Rand der Halbkugel viele kleine Punkte mit weißem Lackmalstift als Blütenstempel aufmalen. Den Blumentopf mit Mattlack kobaltblau anstreichen, mit Steckfix füllen, den Haselnusszweig einsetzen und den Zierkies darüber geben. Nun die Klematisranke in den Haselnusszweig integrieren.

Gerbera

Abbildung & Materialangaben Seite 14/15

Für jede Blüte 13 einzelne Blütenblätter fertigen. Die feinen Blattadern mit schwarzem Lackmalstift aufmalen. Die Blumenblätter nach dem Trocknen auf Adhäsionsfolie anbringen. Das Holzplättchen mit Glanzlack anmalen und in die fertig arrangierte Blüte kleben. Blüte und Blätter mit Kreppwickelband am Steckdraht befestigen.

Seerosen

Material

Für die Blüten

- Wickeldraht in Gelb, Weiß
- Window Color in Sonnengelb, Perlmutt-Lagune, Koralle
- Rohholzkugel, 2 cm ø
- Glanzlack in Dunkelgelb

Für die Blätter

- Mobilefolie, 0,4 mm stark
- Window Color Konturenfarbe in Bleifarbig, Farbe in Dunkelgrün

Zusätzlich

- Teelichtglas
- Teelicht
- Niedertemperatur-Klebepistole, z. B. UHU pistole LT 110 XL
- Cutter
- Schere

Vorlagen

G1 – G3

Anleitung Seite 20

Anthurien

Material

Für die Blüten

- Wickeldraht in Orange, Weiß
- Window Color in Signalrot, Schnee-weiß
- Biegeplüsch in Rot, Weiß, je 5 cm
- Steckdraht
- Niedertemperatur-Klebepistole, z. B. UHU pistole LT 110 XL

Für die Blätter

- Wickeldraht in Grün
- Window Color in Dunkelgrün, Pastell-weiß
- Adhäsionsfolie
- Steckdraht
- Wickelband

Vorlagen
H1, H2

Die Blüte aus Wickeldraht und Farbe gestalten, trocknen lassen und in Form bringen, mit Klebstoff fixieren. Den Biege-plüsch in das Blüteninnere kleben. Das grüne Blatt biegen und mit Dunkelgrün ausmalen. Nach dem Trocknen mit Pastell-weiß die Blattadern aufzeichnen. Hierzu eine 0,9 mm starke Maldüse aufsetzen. So werden die Blattadern gleichmäßiger. Wenn alles gut durchgetrocknet ist, das Blumenblatt auf Adhäsionsfolie anbringen. Dabei Blumensteckdraht zwischen Window-Color-Blatt und Adhäsionsfolie einlegen. Die fertige Blüte mit Kreppwickelband an einem weiteren Blumensteck-draht befestigen und das grüne Blatt in einigem Abstand einarbeiten.

Seerosen

Abbildung & Materialangaben Seite 18/19

Für die gelbe Blüte 13 kleine und 17 große Blütenblätter, für die Blüte in Rosa elf kleine und elf große Blütenblätter her-stellen. Bei der rosafarbenen Blume die Blütenblätter mit Perlmutt ausmalen und in die Blattspitze jeweils ein bis zwei Tropfen Koralle mischen. Die Kontur und die Blattadern auf die Mobilefolie malen, das Blatt in Dunkelgrün ausmalen. Das Blatt nach dem Trocknen mit einer Schere, das Loch mit einem Cutter ausschneiden. Die Blütenstängel durch das Loch stecken, knapp zurückschneiden und auseinander biegen, mit Heißkleber an der Unterseite des Blattes verkleben. Ein Tee-lichtglas sonnengelb anmalen und im Blüteninnern fixieren. Oder die Rohholzkugel dunkelgelb anmalen und mit der glatten Fläche in die Mitte der Blüte kleben.

Rose & Sonnenblume

Material

Für die Blüten
- Wickeldraht in Orange, Gelb
- Window Color in Rubinrot, Glitzer-Gelb
- Adhäsionsfolie
- Styropormedaillon, 8 cm ø
- Glanzlack in Dunkelbraun, Olivgrün

Für die Blätter
- Wickeldraht in Grün
- Window Color in Grün, Olivgrün
- Adhäsionsfolie
- Steckdraht
- Wickelband

Zusätzlich
- Schweißstab, 3 mm ø oder Rundholz, 6 mm ø

Für eine Bodenplatte
- Holzplatte, 2 cm stark
- Mattlack in Karminrot, Dunkelgelb
- Niedertemperatur-Klebepistole, z. B. UHU pistole LT 110 XL
- Islandmoos oder Dschungelgras

Vorlagen
J1 – J4, K1 – K3

Anleitung Seite 24

Lilien

Material

Für die Blüten

- Wickeldraht in Weiß
- Window Color in Schneeweiß, Pastellweiß
- Rocailles in Schwarz

Für die Blätter

- Wickeldraht in Grün
- Window Color in Maigrün
- Wickelband

Vorlagen

L1, L2

Für die Knospe vier, für die übrigen Blüten sechs Blütenblätter biegen, mit Window Color in Weiß ausmalen und am unteren Rand des jeweiligen Blütenblattes ein bis zwei Tropfen Pastell-weiß einmischen. In jedem Blütenblatt einige schwarze Rocailles in die feuchte Farbe legen. Trocknen lassen.

Rose & Sonnenblume
Abbildung & Materialangaben Seite 22

Rose

Für die große Blüte fünf kleine, fünf mittlere und vier große Blütenblätter fertigen. Blütenblätter nach dem Trocknen auf Adhäsionsfolie anbringen und ausschneiden. Die fünfteiligen grünen Blätter aus einem Drahtstück biegen: Mit dem oberen Blatt beginnen und aus den jeweiligen Enden noch zwei weitere Blätter gestalten. Die arrangierte Blüte mit Kreppwickelband am Schweißstab fixieren. Beim weiteren Umwickeln des Stabes die Blätter mit einfassen.

Sonnenblume

Für die Blüte zehn kleine und zehn große Blütenblätter gestalten. Die Blütenblätter nach dem Trocknen auf Adhäsionsfolie aufbringen und ausschneiden. Das Styropormedaillon längs halbieren, die eine Hälfte mit Glanzlack olivgrün, die andere Hälfte braun bemalen. In die Mitte der grünen Medaillonhälfte ein kleines Loch stechen, in das die Blütenblattstängel, zuerst die großen, darauf die kleinen Blütenblätter, gesteckt werden. Die Blütenblätter selbst mit Heißkleber am äußeren Rand des Medaillons fixieren. Die braune Medaillonhälfte mit Heißkleber in die Blütenmitte kleben. Dadurch, dass die Blütenstängel auf der grünen Seite aus dem Styropormedaillon herausragen, kann jetzt die gesamte Blüte am Schweißstab mit Kreppwickelband fixiert werden.

Anleitung siehe auch Seite 5

Mohn & Kornblume

Material

Für die Blüten

- Wickeldraht in Orange, Blau
- Window Color in Mohnrot, Royalblau
- Adhäsionsfolie
- Styropormedaillon, 10 cm ø
- Glanzlack in Oliv- grün, Schwarz
- Lackmalstift in Weiß, 0,8 mm
- Biegeplüsch in Weiß

Für die Blätter

- Wickeldraht in Grün
- Window Color in Grün, Elfenbein
- Adhäsionsfolie
- Steckdraht
- Wickelband

Zusätzlich

- Schweißstab, 3 mm ø oder Rundholz, 6 mm

Für eine Bodenplatte

- Holzplatte, 2 cm stark
- Mattlack in Karmin- rot, Kobaltblau
- Niedertemperatur- Klebepistole, z. B. UHU pistole LT 110 XL
- Islandmoos oder Dschungelgras

Vorlagen
M1 – M4, N1 – N3

Anleitung Seite 28

Weiße Rosen

Pro Blüte vier große, zwei mittlere und drei kleine Blütenblätter fertigen. Beim Zusammensetzen der Blüte mit den kleinen Blättern beginnen, dann die mittleren und außen herum die großen Blütenblätter arrangieren. Blätter mit Kreppwickelband fixieren. Die fünfteiligen grünen Blätter aus einem Drahtstück biegen: Mit dem oberen Blatt beginnen und aus den jeweiligen Enden noch zwei weitere Blätter gestalten.

Mohn & Kornblume

Abbildung & Materialangaben Seite 26/27

Mohn

Für die Blüte jeweils fünf Blütenblätter in den drei Größen fertigen. Die Blütenblätter nach dem Trocknen auf Adhäsionsfolie aufbringen und ausschneiden. Das Styropormedaillon längs halbieren. Eine Hälfte für die Blütenunterseite mit Glanzlack oliv-grün, die andere Hälfte für das Blüteninnere schwarz bemalen. In die Mitte der grünen Hälfte ein kleines Loch stechen, durch das die Blütenblattstängel gesteckt werden. Die Blütenblätter selbst mit Heißkleber am äußeren Rand des Medaillons fixieren. Die schwarze Medaillonhälfte in die Blütenmitte kleben. Dadurch, dass die Blütenstängel auf der grünen Seite aus dem Styropor-medaillon herausragen, kann jetzt die gesamte Blüte am Schweiß-stab mit Kreppwickelband fixiert werden. Die drei grünen Blätter wie bei den Anthurien, Seite 20, fertigen und dann beim weiteren Umwickeln des Schweißstabes einfassen.

Kornblume

Für die Blüte fünf große und fünf kleine Blütenblätter herstellen und wie oben beschrieben gestalten. Für den Blütenstempel die schwarze Hälfte des Medaillons am äußeren Rand mit weißem Biegeplüsch umranden. Viele kleine weiße Punkte aufmalen.

Anleitung siehe auch Seite 5

Glockenblume

Material

Für die Blüten
- Wickeldraht in Blau
- Window Color in Royalblau

Für die Blätter
- Wickeldraht in Grün
- Window Color in Maigrün
- Steckdraht
- Wickelband

Vorlagen
P1 – P5

Für die Knospe drei Blütenblätter, für die anderen Blüten jeweils vier Blätter gestalten. Fünf kleine und neun große grüne Blätter herstellen. Die kleinen Blätter bei der Knospe und den kleinen Blüten einarbeiten.

Impressum

© 2000
Christophorus Verlag GmbH
Freiburg im Breisgau
Alle Rechte vorbehalten –
Printed in Germany
ISBN 3-419-56191-1

Lektorat:
Maria Möllenkamp, Freiburg

Styling und Fotos:
Christoph Schmotz, Freiburg

**Covergestaltung und
Layoutentwurf:**
Network!, München

Coverrealisierung:
smp, Freiburg

Produktion:
Carsten Schorn, Merzhausen

Druck:
Freiburger Graphische Betriebe

Wir sind für Sie da, wenn Sie
Fragen zu AutorInnen,
Anleitungen oder Materialien
haben. Und wir interessieren
uns für Ihre eigenen Ideen und
Anregungen. Faxen, schreiben
Sie oder rufen Sie uns an. Wir
hören gerne von Ihnen!
Ihr Christophorus-Verlag

*Christophorus-Verlag GmbH
Hermann-Herder-Str. 4
79104 Freiburg
Tel.: 0761/ 27 17-0
Fax: 0761/ 27 17-3 52
oder e-mail:
info@christophorus-verlag.de*

Aus der Brunnen-Reihe

3-419-56130-X

3-419-56129-6

3-419-56126-1

3-419-56127-X

3-419-56124-5